LE PREMIER LIVRE DES PETITS ENFANTS

PARIS. A. BEDELET, ÉDITEUR

Amédée Bédelet Editeur.

Imp Lemercier, Paris.

LE
PREMIER LIVRE

PETITS ENFANTS

ALPHABET

PARIS

AMÉDÉE BÉDELET, LIBRAIRE-ÉDITEUR

RUE SÉGUIER, 14

1867

A B C D E F
G H I J K L
M N O P Q R
S T U V W X
Y Z Æ Œ

A a
ANE
a e i o u

B b
BUFFLE
ba be bi bo bu

C c
CHEVAL
ca ce ci co cu

D d

DROMADAIRE

da de di do du

E e

ÉLAN

é è ê

F f

FAISAN

fa fe fi fo fu

G g

GRAND-DUC

ga ge gi go gu

H h

HYÈNE

ha he hi ho hu

I i

JAGUAR

ja je ji jo ju

K k

KEMAS

ka ke ki ko ku

L l

LION

la le li lo lu

M m

MOUTON

ma me mi mo mu

N n
NANDOU
na ne ni no nu

O o
OURS
ourson oiseau

P p
PYRÉNÉES
(CHIEN DES)
pa pe pi po pu

Q q

AIGLE

QUEUE BLANCHE

qua que qui quo qu

R r

RHINOCÉROS

ra re ri ro ru

S s

SANGLIER

sa se si so su

T t
TAUREAU
ta te ti to tu

U u
URSON
usine urne

V v
VACHE
va ve vi vo vu

X x

XOLO

xa xe xi xo xu

Y y

YAPOU

y double l'i

Z z

ZÈBRE

za ze zi zo zu

EXERCICES

VOYELLES

a e i o u y

CONSONNES

b c d f g h j k l m

n p q r s t v x z

TROIS MANIÈRES DE PRONONCER E

e muet   é fermé   è ouvert

Leçon, Parole. Bonté, Café, Père, Mère.

ACCENTS

Aigu   Grave   Circonflexe sur a e i o u

Été. Prière. Ane. Fête. Gîte. Trône. Flûte.

CHIFFRES

I. II. III. IV. V. VI. VII. VIII. IX. X.

1   2   3   4   5   6   7   8   9   10

PLUSIEURS SYLLABES FORMENT UN **MOT**

Pa-pa A-na-nas

PLUSIEURS MOTS FORMENT UNE **PHRASE**

Pa-pa a-va-la l'a-na-nas d'A-nas-ta-se.

SONS IDENTIQUES DE **E**

Eu, œu, ent, ai, ei, et, est, er, ez.

Al-bert, al-lez a-vec ma mè-re et ma sœur :
el-les ai-dent à pe-ser sei-ze bal-les de lai-ne.

SONS IDENTIQUES DE **IN**

Im, ein, eim, ain, aim.

J'ai bien faim et je n'ai pas de pain. — Viens,
pe-tit : ce pa-nier est plein de masse-pains de
Reims ; tu les aimes bien, hein ?

SONS IDENTIQUES DE O

Au, eau, eaux, os.

Paul, res-tez en repos; ne sau-tez pas: n'al-lez pas au bord de l'eau. Je vais là-haut fermer les ri-deaux du ber-ceau de votre sœur Laure, elle dort.

U

Ur-su-le est une pe-ti-te hur-lu-ber-lu.

VOYELLES DOUBLES OU DIPHTHONGUES

eu, ou, oi, io, oui, ien, on, an, un

Dieu est bon : il a soin de pourvoir à tous nos be-soins : viens, re-mer-cions-le.

P.H, SON IDENTIQUE DE F

Phi-la-del-phe, emmène Fidèle, et va au pha-re a-vec Eu-phé-mie. Vous y ver-rez un phoque : c'est un a-ni-mal am-phi-bie.

T.H, SON IDENTIQUE DE **T**

Thé-o-phi-le, ter-mi-ne ton thè-me : en-sui-te
nous pren-drons le thé.

C PRONONCÉ COMME **SS** AVANT **E, I**

Cé-ci-le, fai-tes ce-ci : c'est un e-xer-ci-ce
u-ti-le et né-ces-sai-re à vo-tre san-té.

CONSONNES DOUBLES

Bl.   br.   cl.   cr.   fr.   gr.   gl.
Blé, bras, clou, crin, frac, grain, gland.

Pl.   pr.   st.   tr.   vr.
Plat, prix, stuc, trou, vrai.

Le pau-vre Fran-cis a pleu-ré et cri-é en
vo-yant ses fleurs flé-tries par la grosse pluie.

CRIS DES ANIMAUX

LE CHIEN — aboie.

LE SERPENT — siffle

LE CHAT — miaule.

LE CHEVAL — hennit

LA PERDRIX — caquette

LE TAUREAU — beugle.

LE LOUP — hurle.

LE MOUTON — bêle.

LE LION — rugit.

LE CERF — brame.

L'ABEILLE — bourdonne

LE RENARD — glapit.

PARIS. — IMP. SIMON RAÇON ET COMP., RUE D'ERFURTH, 1.

LES NOUVEAUX ROBINSONS

AVENTURES EXTRAORDINAIRES DE DEUX ENFANTS QUI CHERCHENT LEUR MÈRE

PAR EUGÉNIE FOA

1 vol. petit in-8°, illustré de lithographies par DURUY.

Prix { broché avec les gravures en noir. . 3 fr. 25
{ « avec les grav. coloriées . . . 4 fr. 50

Cartonnage chromo, 75 c. — ½ rel. maroq., 2 fr.

Ce vol. fait partie de la Bibliothèque illustrée, dédiée à la jeunesse,
27 volumes in-8°.

LA MER ET LES NAVIRES

ALBUM DES PETITS BAIGNEURS

LITHOGRAPHIES DE M. LEBRETON

TEXTE PAR UN MARIN

Joli vol. grand in-8° oblong, cartonnage élégant, dos en toile

Prix { avec les gravures en noir. . . 3 fr.
{ avec les gravures coloriées . . 5 »

LES OISEAUX

DESCRIPTION DES PRINCIPALES ESPÈCES D'OISEAUX D'EUROPE

Dessins et gravures par MM. Pauquet frères.

1 joli vol. grand in-8°, avec illustrations dans le texte.

Prix { fig. noires, cartonnage riche, dos en toile. 3 fr.
{ fig. coloriées. « 5 »

Ces deux ouvrages font partie de la collection d'albums
SCIENCE POUR RIRE, 12 vol.

OUVRAGES DIVERS

NOUVELLE GÉOGRAPHIE EN ESTAMPES

Revue pittoresque de l'univers, nouvelles, contes, légendes et aperçus historiques sur les mœurs, usages, costumes des différents peuples, par MM. AL. VANAULD, CH. RICHOMME et CASTILLON, professeur au collége Sainte-Barbe. 1 beau volume grand in-8, illustré par A. LELOIR, HADAMAR et SAINT-GERMAIN.

SCÈNES ET RÉCITS HISTORIQUES

Tirés de l'histoire de France, par Mme EUGÉNIE FOA, classés et revus par ÉLISABETH MULLER. Ouvrage dédié à la jeunesse. 1 beau vol. grand in-8, illustré de gravures.

LE GÉNIE DE L'INDUSTRIE

Études et Nouvelles sur les plus célèbres inventeurs et industriels, sur leurs découvertes et la profession qu'ils ont illustrée, par feu ALFRED VANAULD, continué par ANATOLE CHAILLY. Illustré de 12 dessins à deux teintes par Mme HÉLOISE LELOIR. 1 beau vol. gr. in-8.

PRIX DE CHACUN DE CES TROIS VOLUMES

Figures noires, broché : 6 fr. — Figures coloriées : 8 fr.

Demi-reliure, tr. dorée : 3 fr. 50 c.

L'ÉCOLE DES VERTUS

Études et Nouvelles, par feu VANAULD, recueillies et mises en ordre par Mme JULIE NESMOND, née Vanauld. Ouvrage dédié à la jeunesse. 1 vol. grand in-8, illustré de lithographies à deux teintes par A. GIRAULD.

Prix en noir : 3 fr. — Colorié : 4 fr.

Demi-reliure, tr. dorée : 2 fr. 50 c.

VOYAGES ET AVENTURES DE BOB L'ÉCUREUIL

Représentés par un grand nombre de gravures sur acier, soigneusement coloriées, avec texte traduit de l'anglais. 1 joli vol. miniature in-48. 75 c.

BOITES

TRÈS-ÉLÉGANTES

RENFERMANT LES GRAVURES DES OUVRAGES SUIVANTS

COLORIÉES ET COLLÉES SUR CARTON

AVEC TEXTE EN UN CAHIER FORMAT GRAND IN-4.

LE JARDIN DES PLANTES

20 tableaux de la Ménagerie et de la vallée suisse représentant un grand nombre d'animaux.

L'HISTOIRE SAINTE

24 tableaux de l'Ancien et du Nouveau Testament.

GÉOGRAPHIE PITTORESQUE

Types et Costumes des différents peuples de l'univers ; 24 tableaux.

L'HISTOIRE DE FRANCE

24 tableaux d'après les dessins de M. Leloir.

LES ROIS DE FRANCE

Les Empereurs, les principales Reines, Impératrices, Régentes, etc.
20 tableaux.

Prix de chacune de ces boites. . . . 15 fr.

L'AQUARIUM ET LES ANIMAUX

Du Jardin d'acclimatation, 12 tableaux grand in-8 . . . . . . 8 fr.

Paris. — Typographie de Ad. Lainé et J. Havard, rue des Saints-Pères, 19.